AF233144

LA LANGUE BASQUE

ET

LES IDIOMES ARYENS

PAR

J.-B. DARRICARRÈRE

Capitaine des Douanes

« Heuskaldunen mintzagia
« Dela hilen ezi agia. »

(La langue Basque n'est pas
près de disparaître.)

BARCELONNETTE

IMPRIMERIE ADMINISTRATIVE ET COMMERCIALE E. BOUGOUIN

1885

INTRODUCTION

L'Euskara passe encore pour une langue étrange. On dit même que cet ancêtre méconnu, ce témoin vénérable des temps évanouis, est isolé au milieu des idiomes *Aryens*.

Il n'en n'est rien, cependant. Les langues aussi bien que les patois parlés en France, de Bordeaux à Briançon et de Bayonne à Nice ; en Espagne, dans l'Aragon et la Catalogne et, en Italie, au moins dans le Piémont et dans la Lombardie, ont subi l'influence du Basque.

Nous nous réservons d'amplifier les termes de cette proposition, lorsque nous publierons le tableau comparatif des vocables communs à ces idiomes.

En attendant la réalisation de ce projet, nous ne résistons pas au plaisir de détacher de notre travail en préparation, le mot Basque *Abu* (bouche), qui est entré dans le lexique latin comme dans celui des langues néo-latines et des patois romans.

Composé de la réunion intime de deux thèmes : *Kha* + *Phu* [démonstratif + onomatopée], ce vocable est, de beaucoup, le plus intéressant de tous ceux qu'il nous a été donné de pénétrer.

L'un de ses facteurs, le monosyllabe *Kha*, que la rigueur de la méthode grammaticale nous oblige à nommer successivement démonstratif, pronom, article, etc., est celui qui a le plus exercé notre patience. — Insaisissable dans ses transformations diverses et ses rôles multiples,

il s'est dressé devant nous pendant vingt ans (août 1858 —
novembre 1879), soit comme une pierre d'achoppement,
soit comme une objection sans réplique.

Pourtant le succès a couronné nos recherches. Nous
avons remonté jusqu'à la source de ce démonstratif. Nous
avons, croyons-nous, déterminé la valeur et l'emploi de
cet appendice que le vocabulaire des premiers âges nous
montre parfois si bien agglutiné aux thèmes radicaux
qu'il semble en faire partie intégrante.

L'analyse à laquelle nous avons procédé, nous a fait
mettre la main sur un fil conducteur qui facilitera les in-
vestigations ultérieures. C'est un pas de fait vers la solu-
tion du problème de l'origine des Basques.

La Condamine-Chatelard (Basses-Alpes),

le 7 Janvier 1885.

LA LANGUE BASQUE

ET

LES IDIOMES ARYENS

BOUCHE. — Partie du visage de l'homme qui reçoit les aliments et donne passage à la voix; se dit aussi en parlant de certains animaux; dans les patois romans = *bouca, bouco, bouque, boutcha*; en Castillan et en Lombard *boca*, etc.

Les lexicographes s'accordent à faire de ces vocables des dérivés du latin *bucca* (= bouche, creux des joues, cavité quelconque); dont l'origine n'a pas encore été trouvée, autant que nous sachions.

Dans les dialectes basques, *Bucca* a pour équivalents : *abu, ahu, ago, au, ao*, etc., dont les acceptions sont les suivantes : bouche — taillant, tranchant des armes et des outils — entrée, ouverture. Ce mot basque est méconnaissable, tant il est usé; heureusement qu'il est possible de retrouver ses éléments constitutifs, grâce à des mots simples et à certains composés que la langue possède encore.

Voici six mots composés à l'aide desquels nous arriverons à saisir la forme primitive de *abu*, etc.

1° *Kaburina* (Saint-Jean-de-Luz, arbonne, etc.) *Kaburiña* (urrugne, hendaye, Bidart, guethary) — *gaurina* (ascain) - *haburina* (ainhoa) = écume de l'homme et des animaux. Ce vocable se divise en *Kabu + ur + in + a* et signifie : bouche + eau + fait + cela, c'est-à-dire l'eau que la bouche a sécrétée = écume.

2° *Khabu* (Saint Pée-sur-Nivelle, etc.) activité, diligence. Exemple : *Khabu handia du laneko* = il est actif, laborieux ; en d'autres termes : il a grande bouche pour le travail.

3° *Khabotsu* (Bidarray, etc.) intrépide, vaillant. — Formé de *Khabo*, bouche et de *tsu*, qui ajoute une idée d'abondance au terme auquel il est joint. On saisit bien la signification antique de ce composé : qui est bien pourvu en fait de bouche, qui a bonne dent. Il est notoire que la bouche est une arme primitive.

4° *Khamutsa*, émoussé, en parlant des outils tranchants : couteau, ciseaux, hache, faulx, etc. — de *Khabu + utsa* (bouche vide), par allusion à une bouche sans dents, qui ne peut mordre.

5° *Buka-tu*, finir, aboutir ; de là *Buka-ni-a* = la fin, le couronnement, la conclusion.

6° *Muga*, limite, frontière. Ce terme a fourni *Mugarri*, qui signifie borne, pierre des confins.

Dans les vocables qui précèdent nous avons les thèmes nominaux, *Khabu*, *Khabo*, *Khamu*, puis *Buka* et *Muga*. Nous n'avons pas à nous occuper de *Muga* qui paraît être une forme jumelle de *Buka*. Nous remarquerons, tout de suite, que l'une des syllabes *Kha = Ka*, placée tantôt avant, tantôt après *Bu = Bo*, est précisément le démonstratif qui nous a tant embarrassé et dont nous avons fini par constater la présence dans le néologisme et dans la partie purement Basque du vocabulaire (v. pages 13, 14 et 15).

Kha = ka étant l'élément formel, *Bu* est, par conséquent, le radical du mot *Buka = Kabu* (bouche).

Recherchons d'abord la signification de *Bu*.

§ Ier

LE RADICAL *PHU = BU*.

Parmi les dérivés du radical *Phu = Bu*, le vocabulaire basque a enregistré, notamment : *Phu! Pu! Fu! Hu!* Cette syllabe, qui indique le mépris, la répulsion, le dégoût, l'aversion que l'on éprouve pour les personnes et les choses, est imitative du mouvement de souffler. Elle conserve sa valeur expressive dans les mots ci-après :

Phu-a, Phu-a (urrugne) exhalaison, émanation, — respiration.

Pu-z-ta-tu, mépriser, littéralement couvrir de vent = souffler dessus.

Bo-za (lab.) *Bo-tza* (Bas-Navarrais et soul.), la voix humaine.

Bo-z-tario, Bo-z-kario, la joie, manifestée par la volubilité de la voix et par le chant.

Nous recueillons ici *tza = za* comme remplaçant du *Ka* démonstratif.

Les noms déterminés *Phu-a* et *Bo-tza* nous livrent, en partie, le sens du primitif *bu + ka* qui est « le Souffleur ».

Dans l'esprit de ceux qui les premiers en ont fait usage, ces mots signifiaient la cause et l'effet :

Bu + Ka ou *Ka + Bu* = bouche (cause) et *Bo + za* = voix humaine (effet).

Nous avons, d'ailleurs, pour appuyer notre manière de voir à cet égard, un mot très clairement construit, qui n'est que la métathèse de *Khabu*, c'est *Phu + Ka*, par lequel on désigne le crapaud, à guethary, Bidart, arcangues, etc.

Ce vocable a pour synonymes : *zaphu, zapu, zapo,* — *apho, aphu* et *apo*. Le *Ka* final est le pronom démonstratif, que nous avons vu se permuter en *za*. Nous savons aussi que le thème *Phu = pu* signifie souffler et soufflé (l'action et l'effet qui en résulte). *Phu-ka* veut donc dire « le soufflé, l'enflé ». Tel est, en effet, l'aspect de cet animal et les Basques l'ont bien nommé. Dans le patois des environs de Bayonne, on dit d'un homme forcené de colère : *qu'es hinglat com un crapaout =* il est enflé comme un crapaud.

Zapo se trouve dans la langue espagnole et dans les patois romans. Le latin nomme ce batracien *bufo*.

Dans les mots *kabu* et *zaphu*, *buka* et *phuka*, nous avons le même radical *Phu* (= *Bu*), qui est une imitation tellement naturelle que « si l'on réunit les mots ayant la « valeur significative de souffler et de soufflant, on a :
« pour le patois poitevin *buffer*, d'où le français *bouffée*, « pour l'anglais *puffing* et *fuffing*, le malais *puput*, le « tongan *buhi*, le maori *pupui*, l'australien *bohun*, le galla « *bufa*, le zulu *futa*, *pupuza* ; le quiché *puba*, le finnois « *puhkia*, l'hébreu *puach*, le danois *puste*, le lithuanien « *pùciu*, le caraïbe *phombae*. »
« Vedgsword. Or. of. Lang. p. 33. »
— M. Zaborowski, l'élégant écrivain qui a publié l' « Origine du Langage », — Paris, G. Baillère, 1879, — ajoute à cette énumération (p. 141 de l'ouvrage cité) :
« En australien, *pou-yu-puyu* signifie fumée ; le quichua « donne, pour allumer le feu, *puhucuni*, pour enfler, « *punquini*, pour un nuage, *puyu*, *puhuyu*, etc. — En « Zulu, *puku*, *pukupu*, signifie mousseux, écume, d'où « *pukupuku*, un individu vide et bouffi ; *pupuma*, bouillie ; « *fu*, un nuage ; *fumfu*, balancé comme l'herbe haute par « le vent, d'où *fumfula*, être troublé, jeté dans le désor- « dre ; *futo*, soufflet, *fuba*, le souffle, la poitrine et au « figuré le sein et même la conscience. »

D'après les « Actes de la Société philologique » (Tome x. p. 85), que nous mettons aussi à contribution, l'action de

souffler se rend en Finnois : (suomi) par *puhum*, (ostiak)
puem, (magyar) *fù*.

On peut encore rapprocher quelques vocables de ces
applications analogiques de la syllabe *phu* (*bu*).

FRANÇAIS

Bouffant, gonflé.
Bouffer, enfler les joues, bomber, souffler une bête tuée.
Bouffir, enfler.
Bouffoir, instrument pour bouffer la viande.
Bouffon, qui fait rire, etc.

PATOIS LOMBARD

Bouffet, soufflet de cuisine.
Bouffaré, souffler le feu.

PATOIS ROMANS

Fou ! (Bayonne) c'est le basque *phu !* déjà cité.
Bouffé, soufflet, coup (Valensole, Basses-Alpes).
Buffet,   id.   (Ariège).
Bouha, souffler (Béarn et Landes).
Boufe,   id.   (Vaucluse).
Boufo,   id.   (Briançon).
Bufa (*r*), souffler le feu.
Bouhit (Bayonne), enflé, bouffi, d'où puant.
Bouheròc (anglet) vain, enflé.
Bouhoun, taupe (Anglet).
Bouhure, (Bayonne) enflure et mensonge.
Boujaire, *boufaire*, qui aime à souffler. (Dict. de **M.**
Mistral, en cours de publication).

ARGOT :

Bouffer, manger.
Bouffarde, pipe.
Nous compléterons cette brillante série à l'aide des mots
Basques issus du radical *Phu* (*Bu*) :

— *Buh atu*, à Ustaritz, *Bu-fa-tu*, à Saint Pée-sur-nivelle *Ufa-tu* = souffler le feu.

Buha-Kina (*Sathor.*) (Bardos) ce que la taupe a soufflé : taupinière.

Buïtu (haut nav. du guipuzcoa) enfler, en parlant des bœufs, etc.

Buharot, noix creuse (Souletin) c'est le *bouheroc* d'anglet., le *bufo* du Rouergue.

Puz-ka, soufflant (guip. azcoitia).

Puz-tu, bouffir (Biscayen-Lequeitio).

Putz-ein souffler le feu (Biscayen-Lequeitio) etc.

A ceux qui croiraient voir dans *Buha* une imitation du roman *Boufar*, nous répondrions que *Buha*, en Basque, est un affaiblissement de *Phu-Ka* désignant le souffle, l'action de souffler, aussi bien que l'organe qui le produit, (confusion inévitable dans l'enfance du langage) et que la persistance du démonstratif *Ka*, lorsque la flexion verbale est venue s'ajouter au thème, s'explique fort bien par ce fait que son équivalent *za*, réduit à *z* en composition, est resté dans *Pu-z-ka*, *Pu-z-tatu*, *Pu z-tu*, etc.

Toutefois on pourrait soutenir que c'est le roman *ha*, *far*, *faire*, que l'on remarque dans *Bouhar* = *Boufar* dont la signification serait *faire bou* (souffler). Cette opinion n'aurait pour elle qu'une vraisemblance trompeuse. L'étymologie de *Bucca* et de *Buha* par *Kha-bu* étant admise, il n'est pas douteux que les patois romans n'aient accolé à *Buha* (souffle) le *r* final de *far*, *faire*, *har*, ainsi qu'ils l'ont fait pour *Zarretar*, scier (de *zarreta*, scie) *trucar*, frapper (de *truc*, coup) *Jogar*, jouer (de *jog*, jeu) etc.

[Nous avons d'ailleurs, mieux qu'une conjecture à offrir, en ce qui concerne la composition du roman *Bouhar* (souffler) ; nous venons d'acquérir la certitude que ce verbe est formé de *Bouha+far*, — produire le souffle = exhaler = respirer. Dans les patois romans, on nomme la lessive :

bougade (Pyrénées-Orientales) ; *bugade* (Alpes-Maritimes, Basses-Pyrénées, Hautes-Pyrénées, Landes, etc.) ; boüa (Savoie) ; bua (Hautes-Alpes) ; buga (Alpes-Maritimes) ; bouaye et buaye (Basses-Alpes). D'après Littré, *buée* = vapeur humide ; *buie*, *bugée* = lessive (Berry) ; *bouïe* = petite lessive (Genev.) ; *bouie*, lessive (bourguignon) ; *bouwêie*, lessive (Vall.) ; *bugada* (provençal et et espag.) ; *bucato* (italien). Le grand lexicographe national voulait à ces mots un radical *buca* ou *Buga*. Or ce radical existe. La langue basque nous l'a transmis dans *Phua*, corruption de *Phukha* = l'exhalaison, la vapeur, que tout le monde reconnaîtra dans les dérivés ci-après :

Boka + *ta*, la lessive, la *buée*.

Boka + *ta* + *tu*, lessiver.

Boka + *tari*, lessiveuse.

Boka + *tera*. cuve à lessive, etc.

Les mots français *Buée*, vapeur humide — lessive et *Buer*, dégager de l'humidité, de même que les vocables romans *Bouha'r*, *Boujaire*, etc., nous paraissent devoir être ramenés au basque *Phukha*. Cette dérivation, par l'intermédiaire des formes de l'italien, de l'espagnol, etc. nous la croyons inattaquable. La dernière syllabe de *bokata* est un affaiblissement du démonstratif *khä* que nous analyserons en son lieu.]

On a essayé de rattacher le roman *faire*, *far*, *har*, au latin *facere*. Dans le sens de faire, le sanscrit offre *Kar* et le basque possède *hari*, *ari*, qui signifie travailler, être occupé à.... Ces mots ont, peut-être, un ancêtre commun. Dans tous les cas le *f* initial, pas plus que le *h* de *faire* et de *har*, *hari*, ne nous paraît primitif.

L'onomatopée *Phu* est donc employée dans les langues les plus diverses, en Europe, en Asie, en Afrique, en Amérique et jusqu'en Océanie. On ne saurait, en bonne justice, en attribuer l'invention aux Basques seuls. Pourtant on ne peut contester à ceux-ci le mérite d'avoir fait

de *Phu* un mot significatif, à l'aide de l'interjectif *Kha*, et
d'en avoir propagé l'usage, au moins dans la partie de
l'Europe que nous avons indiquée [v. l'introd.].

Par conséquent, nous devons voir dans le latin *Bucca* le
composé basque *bu+Ka* ou *Ka+bu* (de *Kha+Phu*); dans
le latin *Bufo* une imitation du basque *Za—phu=Phu-Ka*
(crapaud), ou, plutôt, une réduplication du radical *Phu*
(=*Bu*).

Nous sommes également autorisés à dire que c'est le
même radical *Phu* qu'on observe dans les mots néo-latins
sur lesquels a porté notre examen; et il demeure acquis
que, dans l'idiome Basque, l'onomatopée *Phu* (souffler,
émettre du vent), a donné naissance aux mots suivants :

Ka+Phu (Ka-bu) = Souffleur = Bouche.

Phu+Ka et *za+phu*, le soufflé = crapaud.

Bu+ha, action de souffler.

Bu + ha + tu, ce qui a été soufflé, enflé. De là *Buitu*
(enflé, bouffi) en haut — nav. du Guipuzcoa — c'est le
bouhit du patois, qui est devenu *bouèit, boueil*, vide, vain
(ancien français vuide), tout comme en Basque *Phu—tza*
est passé du sens de vent à celui de vain et de vide. ainsi
que le prouvent les composés *Kam'uts-a*, (bouche vide)
émoussé et *Cam—phu—tsa*, = émoussé.

Nous irions trop loin, sans doute, si nous mettions en
relief tous les mots que les liens d'une étroite parenté
rattachent au radical *Phu*. Nous pouvons néanmoins si-
gnaler à l'attention des linguistes quelques vocables rappe-
lant l'idée du vent, du souffle, de la vapeur et de la va-
cuité : Grec, *psuke*, (originairement souffle) = esprit,
(*Fussé*, souffle, vessie, bulle d'air — Vanité, faste. C. de
Gebelin — Tome II p. 230 — Paris 1777) — Latin, *vesica*,
vessie, en patois *bechigue*, en basque Biscayen, *puchikia*.
— Italien (dial. Lomb.) *Boutché*, voix humaine (= basque
Bo-tza et *Bo-za*; = Latin *Vox*; Béarnais, *Butz*, etc.

13 =

§ 2.

LE PRONOM DÉMONSTRATIF *KHA* = *KA*.

Nous allons exposer brièvement ce que l'observation nous a appris, au sujet du pronom démonstratif *Kha*, de son substitut *za*, et des fonctions dévolues à ces thèmes flexionnels.

Autant que nous pouvons en juger, le démonstratif *Kha* a été, à l'origine de la langue basque, un cri destiné à appeler l'attention sur un objet ou un sujet que l'homme, vraisemblablement, désignait en même temps d'un geste de la main. Quelques expressions témoignent que *Kha* est le résultat d'un effort des organes de la parole, soit pour parler, soit pour accentuer le coup porté à l'aide d'un outil. — On dit, à Ascain, *ez dute izan* HA *bat erraleko.* — On n'a eu rien à dire (littéral : *on n'a pas eu à dire ha*), — à Oyharzun, *eguizu, a'tchoa* ! *faites un* (petit) *effort* ! Enfin, dans le patois Bayonnais, on appelle *gaga*, par dérision, toute personne affligée du bégaiement.

Nous pensons que telle est la valeur primordiale de *Kha* qui est devenu :

1° L'une des formes du pronom démonstratif, aujourd'hui le plus éloigné, *cela, celui-là.*

2° Article, *le, la,* etc.

Ainsi qu'il a été dit précédemment, le démonstratif *Kha* est resté soudé à des mots qui remontent à l'une des phases les plus anciennes de la langue basque. — Nous le trouvons dans *pintcho-ka* (Bisc) *Pintzan-ga* (Lab) = Pinson, patois rom. *pintzan.* (Ce mot est étranger, selon toutes les apparences) — En outre, nous l'avons signalé dans *Ka+bu* et ses dérivés. — Le moment est venu de constater son identité avec l'adjectif numéral un, qui se trouve dans le Basque *hame+Ka* onze (= dix+un), et dans le sanscrit. Ce rapprochement du Basque au sanscrit *ekha,* nous le faisons après l'ardent patriote Chaho dont la mémoire vivra quoi que fassent ses détracteurs.

Toutefois, nous ne partageons pas de point en point l'opinion de ce linguiste. — Nous voyons bien dans *Kha* (usé en *Ka*), le pronom que la numération a adopté pour représenter l'unité et ce primitif s'est permuté en *ba*, c'est notre croyance ; mais *Bat* contient un *t* étranger au thème qui est, d'après nous, le résidu d'un pronom encore inconnu et, d'autre part, il y a dans le sanscrit une voyelle (*e*) dont la provenance nous préoccupe.

La langue Basque peut présenter des mots où le *Ka* démonstratif n'a pas changé tout en devenant article :

Buru-Ka, l'épi de blé (glané).

Karra-Ka, la raclerie et aussi le racloir.

Murru-Ka, le tas, le monceau.

Motzo-Ka, le potelé, de *motz*, court, râblé. De là *putzu* +*Ka*, *potzolo*. C'est sans doute de *potzo*, dans le sens de potelé, grassouillet, que les labourdins de la côte ont tiré l'un des noms du chien. Si nous avons bonne mémoire *potzo*, n'est employé que dans les environs de St-Jean-de-Luz comme synonyme de chien (*Zakurra*). De *putzuka*, potelé, rondelet, on a fait *putzu*+*Kina*, la mèche dont on se servait autrefois pour se procurer du feu, à l'aide du silex et du briquet. Elle était faite d'un linge roulé sur lui-même. L'expression est dans S. Pouvreau.

A côté de *Kha*, la langue nous a montré le démonstratif *za* dans *Kha*+*bu* = *Za*+*phu*.

L'équivalence de *ka* et de *za* peut être établie par la flexion verbale et par la flexion nominale. Nous choisissons nos premiers exemples dans la flexion nominale.

Le même mot [*Buru*] va nous offrir presque toutes les modifications que le démonstratif *Ka* a subies, dans le temps et dans l'espace.

Buru, tête, suivi de l'article, est prononcé, selon les lieux : *buru* + *ya*, *buru* + *cha*, *buru* + *ba*, *buru* + *wa*, *buru* + *ja* et *buru* + *a*. Lorsque *buru* doit être appliqué à l'épi glané, il s'écrit *buru* + *ka* et *buru* + *tcha*.

Nous nous permettrons de nommer *décadentielles* ces formes où le *Kha* primitif s'est changé en *za, cha, ja, ya, ba, wa* et *a.* Il manque à la série la permutation de *ka* en *ha* et en *fa,*; nous la rencontrons dans *bu + ha + tu* et *u + fa + tu,* souffler le feu.

Nous observons dans *buru + ba* une permutation du thème *Ka.* Dans certains vocables le démonstratif *ka* devient *ma.*

« *Ollo + ba,* la poule, (Orozco).

« *Ollo + ma,* la poule, (Ergoyen).

« Le Verbe Basque......................... par le « P. LL. Bonaparte..... Londres.... 1869 » (page XXIX note 7 et 8).

Ce linguiste, qui a publié une collection précieuse et rare de livres basques, a noté que le *b* de *ba* (pour nous issu du *kha = ka* interjectif) s'affaiblit au point de se prononcer à peu près comme *w* anglais. Cette dégénérescence du *b* qu'on peut remarquer à Ciboure, à Fontarrabie, à Lequeitio et autres lieux, est surtout très-fréquente dans le patois des Landes où le *be* final se prononce *we.* Ex : *plawewe, binewe, uwe, bewe =* pleuvait, venait, une, boire.

Les mêmes démonstratifs *Ka = za* ont trouvé emploi dans le verbe.

JaKA et *JaKO* (Bisc.) *zaYO* (Lab.)=il lui est; *deuTSA* et *deuTSO* (Bisc.) = il le lui a.

A côté de ces formes, extraites des tableaux où le P. LL. Bonaparte a mis en ordre le verbe des huit dialectes de l'Euskara, nous placerons deux variantes empruntées à l'éloquent auteur du GUEROCO GUERO, etc.

P. XIII — *hala dabillanari gerthatzen ohi zai KAna...* *C'est ce qui arrive, ordinairement, à celui qui se comporte ainsi* (qu'il a été dit).

P. 66... *gezurra er an araci derau KA... c'est ce qui l'a poussé à mentir.*

Jusqu'ici nous avons *Ka* = *Ko* = *Yo*, et *Isa*, le substitut de *ka*, devenant *Iso*.

La flexion suivante réunit tous ces changements :

Diotza (Lab.), *diozka* (Guip.), *deitzo* (Soul.), *dazko*
(Nav. Otchagavia), *daizko* (Lab.) et *darotza* (Nav. Espagnol) = il les lui a.

Les deux dernières formes sont de la « Grammaire
« comparée des dialectes Basques.......... Paris —
« 1879. »

Dans cet ouvrage, M. V. Eys a donné une interprétation
du verbe qui n'a que très peu répondu à ses laborieuses
tentatives.

Cette partie importante de la grammaire ne pouvant
être saisie qu'à l'aide des pronoms, (démonstratifs, etc.) —
il va de soi que l'examen de ces appendices, encore incon-
nus pour la plupart, doit précéder celui de la flexion verbale dans laquelle ils sont agglutinés. Mais avant d'abor-
der cette analyse, ou celle de n'importe quel mot, il
faudrait se défaire de cette idée que telle voyelle est
« intermédiaire de liaison ou neutre, » et telle consonne
« une lettre euphonique. » (V. Gr. comparée p. 33 et 97)
et se bien persuader qu'il n'y a rien d'adventice ni d'inu-
tile dans les vocables de l'Euskara.

Quoi qu'il en soit, M. V. Eys avait mieux à faire que
d'écrire que telle flexion « *a dû être formée* selon la
règle de Zavala » (p. 257 de la gr.) et que « il est possi-
« ble que cet *i* (celui de *ai* = *au* et de *naik* = *nauk* des
« flexions souletines) « se soit introduit *naturellement*
« dans ces flexions, mais » que « il ne faut pas oublier
« la théorie des grammairiens basques qui voudraient
« considérer *naiz* et *dut* comme étant le même mot mo-
« difié de différentes manières. (p. 389) — avant de tenir
un pareil langage, il devait s'assurer si, oui ou non,
les formes qui lui ont paru douteuses sont usitées, ou

encore, si elles ont disparu après avoir eu une existence réelle.

Est-ce que des formes verbales dont il s'agit seraient incorrectes, etc... précisément parcequ'elles ont été indiquées par Zavala, Chaho, Lardizabal ou l'abbé Inchauspe, qui ont émis, sur le verbe Basque, telle ou telle théorie qu'elle paraisse soutenable ou non ? En ce qui nous concerne, nous n'hésitons pas à répondre néga tivement. D'ailleurs, à l'appui de ses hypothèses, M. V. Eys aurait dû fournir des preuves. Or nous n'en voyons pas une seule dans la « Grammaire comparée. » Il y a donc lieu de les considérer comme entièrement gra tuites.

Sous le bénéfice de ces observations, nous reconnaissons volontiers que M. V. Eys a fait progresser l'étude de la langue Basque.

Nous revenons à notre sujet.

Les formes verbales *diotza, diozka, deitzo, dazko* et *darolza,* etc. nous donnent, pour le régime indirect de la troisième personne, *ka = ko* et les équivalents *za = zo* et *yo = o.*

Nous devons prévenir une observation que l'on pourrait faire relativement à l'orthographe de *za = zo.* Dans les exemples *diotza, deitzo,* le *t* qui précède *z* est un *z* que le voisinage a obligé à se permuter ; il représente le régime direct. Cela ressort clairement de la comparaison des formes similaires du pluriel *dazko* et *daizko* avec celle du singulier *dako.* Ce changement, dû à la tendance du langage à se manifester avec le moindre effort, est nommé *dissimilation* par un linguiste dont le nom nous échappe.

L'intervention dans le verbe des formes pronominales *Ko — zo,* aux lieu et place du *Ka — za* primitifs, appelle aussi une explication. Nous allons la donner.

Dans la période immense qui a dû s'écouler depuis le temps où ils ébauchèrent leur langue, jusqu'à l'époque où ils conçurent le plan *merveilleusement simple* de leur verbe, les Basques comprirent la nécessité de diviser l'espace que l'on distingue à l'œil nu, le champ de la vision, en trois points :

| Ici | Là | Là-bas |

Ils émirent, par suite, trois adverbes de lieux. Les voici tels qu'ils sont usités actuellement :

gemen	*gor*	*gan*
hemen	*hor*	*han*
emen	*or*	*an*

Les deux derniers sont dérivés des démonstratifs *Ko* et *Ka* que le verbe a utilisés et qui, de plus, ont donné à la flexion nominale :

$$go + ya \qquad ga + i + na \qquad \text{etc.}$$

dont le sens : *là* et *là-bas* est aujourd'hui *la hauteur* = *l'élévation*.

Nous n'entreprendrons pas ici l'analyse de l'adverbe *hemen* (en souletin *heben*), ni du *r* et du *n* finals de *hor* et de *han*. Jusqu'à présent, ces adverbes, les pronoms démonstratifs modernes,

haur	*hori*	*hura*
gau	*gori*	*gura*
au	*ori*	*ura*

et les prépositions,

| *huna* | *horra* | *hara* |

ont résisté à l'interprétation.

Le secret de la formation de ces composés nous appartiendra le jour où tous les démonstratifs basques seront connus.

Le démonstratif *Ka* = *za*, qui occupe la place la plus considérable dans la flexion, nous est devenu familier dans l'emploi qui en a été fait, comme pronom et article, dans la flexion nominale et, comme pronom, dans la flexion verbale. Le raisonnement nous le montre représentant l'unité dans la numération. Cependant le rôle impor-

— 19 —

tant qu'il a joué n'est pas épuisé. Il semble qu'il ait
grandi avec les siècles. — Nous allons, de notre mieux
l'accompagner jusqu'au bout dans son évolution.

A partir de ce moment, d'ailleurs, notre tâche sera
considérablement facilitée par un document historique
d'une valeur indiscutable. Nous voulons parler de la
nomenclature géographique de l'Alava aux XIe et XIVe
siècles, que le R. P. Fita. savant archéologue de l'Aca-
démie de Madrid, a eu la bonne idée de publier en y ajou-
tant des notes qui accusent un érudit chercheur autant
qu'un pionnier perspicace et hardi (Epigrafia Romana. —
Madrid, 1883, p. 37-74).

Dans la revue que nous allons en faire, les noms patro-
nymiques apporteront leur appoint de lumière concur-
remment avec les noms de lieux dont ils proviennent.

Les écritures colligées par le R. P. Fita datent de 1025,
1063 et 1333 : Pour plus de commodité, nous les désigne-
rons sous la rubrique : *La Reja*, qui est leur nom en
espagnol. Nons y voyons figurer :

P. 67. — *Elgorriaga*, avec la variante *Elhorriaga*. —
« Ce nom de lieu, d'après un acte de donation faite au
« monastère de *Acosta* (*Ocoïzta*), dans l'année 871 de
« notre ère » a pour signification, en castillan : *Espinar*,
c'est-à-dire *roncière*, endroit où il y a beaucoup de ronces
et d'épines. Tel quel, ce mot est bien connu de nos jours;
il doit être divisé en : *Elhorri*= épine et *aga* qui indique
un pluriel.

Comme noms similaires, nous citerons les suivants,
qui sont à la portée de tout le monde :

*Ametzaga, Fagoaga, Gorozliaga, Ithurriaga, Urkia-
ga, Lizarraga*, etc.

Aga est, par conséquent, le pluriel de *ga*. Le R. P.
Fita s'en est douté puisque dans son ouvrage « Discursos
« leidos ante la Réal academia de la historia de Madrid —
1879 (p. 81), » il a cité et traduit les mots *zubi* $+$ *ac* (los

puentes) *zulo + aga* (las cuevas). — C'est une réduplication du singulier *ga*. La chute de la 1re consonne de
ga + ga, ou plutôt sa réduction en *a*, se comprend d'autant mieux que le *Kha = Ka* primitif est aussi arrivé au
même point de dégradation.

La géographie alavaise contient des noms terminés en
za + ha dans lesquels on pourrait voir le thème *za* uni à
ha, affaiblissement du primitif *Ka*.

Nous en puisons quelques uns dans « La Reja »

    P. 68   *as carzaha*,
                    adurzaha.
    P. 70   *gersalzaha*.
                    artazaha.
            et *otazaha*.

La signification de cette dernière appellation, tout le
monde la saisira. C'est celle que propose le R. P. Fita :
Argomal = lieu couvert d'ajoncs nains.

Reprenons le thème pronominal primitif *Kha = Ka* :

Dans la flexion nominale, la réduplication de ce pronom
a produit la forme *kaka* ou *gaga* qui, d'abord destinée à
donner une idée du pluriel, un plus un égale deux, en est
arrivée à indiquer la pluralité sans limite, c'est-à-dire un
nombre indéterminé.

Le vocabulaire basque nous montre que, dans ce dernier
sens, *gaga* ou *aga* a pour synonymes les suffixes actuels
kada, keta et *eta*.

Nous y relevons :

Arri kada, tas de pierres.

Zaldi-kada, troupe de chevaux.

Urketa, affluence d'eau.

Arrain-keta, quantité considérable de poissons.

Amez-keta, plantation de chênes tauzins (= forêt de
tauzins).

Harrieta, monceau de pierres.

Urritz'eta, coudraie.

« La Reja », de son côté, enregistre les variantes *kela,
hela, ela* et *eka.*

    P. 47   *Igelhegi-eta.*
                 Mendarozketa.
    P. 66   *Bagoeta.*
    P. 67   *Marieta. — Marieka. Marihela.*
    P. 68   *Gazaheta.*
    P. 69   *Galharreta.*
    P. 73   *Azazaheta.*
                 Errohela.

Nous ne connaissons pas la valeur de l'*h* aspiré. Cependant dans les mots qui précèdent, il n'y a pas à douter
que k*ha* n'ait produit, par dédoublement, les formes ka et
ha.

Nous considérons, à juste titre, k*ha* comme la racine du
démonstratif au singulier et k*ha* + k*ha* comme le pluriel
de ce même démonstratif.

Un nom de lieu, connu à Saint-Jean-de-Luz et à Biarritz,
nous offre le curieux spectacle du contact d'un adjectif
numéral, *Biya* = deux, avec le démonstratif (aujourd'hui
article) k*ha* affaibli en *ga*, c'est *Etchebiyaga* (moulin et
maison à Saint-Jean de-Luz) dont les Biarrots ont fait
Chabiague (nom de moulin et de quartier).

Etche + *biya* + *ga* doit être traduit, de la fin au com-
mencement,

Cela ou *la* + *deux* + maison = la maison double.

Il suit de là qu'un suffixe émettant l'idée de la pluralité,
ou exprimant une collection, même l'adjectif numéral qui
paraît provenir du redoublement du pronom démonstratif, doit être déterminé par l'adjonction de ce même pronom démonstratif devenu article.

C'est bien ce que nous voyons dans *ibilketa* + k, les
allées et venues, *mandatukela* + k. les commissions, etc.

Il semble que la construction de noms tels que : *Etchebiyaga* = la maison double et *Kabu-ka* (aujourd'hui

aha a) — la bouche, soit la conséquence d'un oubli total des éléments qui entrent dans leur composition.

Plusieurs fois nous avons vérifié des superfétations tout aussi extraordinaires. Nous n'en rappellerons qu'une à cette place. Nous la prenons à la 68e page de « la Reja » :

> *gazaheta*, aussi écrit,
> « *sagarzaeta*
> et *sagassaeta*.

Parmi ces trois noms, nous choisissons le plus difficile à prononcer.

Sagarzaeta que nous lisons ainsi : *sagar* + *za* + *eta* = les ou *quantité* + *la* + *pomme* ou *pommier*.

Sagar-za-eta signifie donc « Les Pommes » ou plutôt « La Pommeraie ». Or, si nous mettons ce nom au pluriel, nous aurons *sagar* + *za* + *eta* + k. composé du radical et du démonstratif quatre fois répété. On y remarque, en effet, — *za*, le substitut de k*a*, qui est resté joint au thème, — *eta*, forme corrompue de k*a* + k*a* — et enfin k, résultat de l'usure du même pronom k*a*.

Selon la règle de la formation du pluriel, que l'analyse nous a révélée, nous devrions avoir :

1° *Sagar* + *Ka* + *Ka*.
2° *Sagar* + *Za* + *Za*.

ou en unissant le k*a* primitif à son substitut *za*,

3° *Sagar* + ka + *za*.
4° *Sagar* + *za* + ka.

Nous n'avons encore trouvé aucun représentant de la troisième forme théorique, mais nous connaissons parfaitement la première et la quatrième, et nous remarquons le suffixe *za* + *za* de la deuxième forme dans le souletin Tzï. — Ce suffixe n'est pas inconnu au dialecte labourdin. Ex. :

Burdintze ederra = *Amas... d'ustensiles ou d'objets en fer.*

Zer gizon tzeak ! — *Quelle multitude d'hommes !* etc.

Mais, sans contredit, c'est dans la Soule que l'on fait le
plus grand usage du suffixe *za + za* dégénéré en *tze, tzi*
car, dans cette partie du pays basque, on l'emploie « pour
« former les noms de tous les arbres fruitiers par l'idée
« de l'abondance ajoutée au nom du fruit dont ils sont
« ordinairement chargés. » (Chaho. Dict. p. 9)

Ainsi de *sagar*, les Souletins ont fait *sagar-tzi-a* le
pommier. Nous avons là un nouveau mot qui vient à
l'appui de ce que nous avons annoncé, en tête de cet opus-
cule, au sujet de *Kabu* ou *Buka*, à savoir qu'à l'époque de
l'imposition des noms, les Basques ne distinguaient pas
la cause de l'effet. On conçoit que *sagar + za = sagarr + a*
ait, tout d'abord, été pour eux aussi bien l'arbre que le
fruit, (le producteur et la chose produite). Plus tard, lors-
qu'ils voulurent donner à ces mots la forme du pluriel,
ils firent *sagar + za + za*, corrompu depuis en *sagartza*,
signifiant *Pomme + plusieurs* et *Pommier + collection*,
et enfin ils déterminèrent *sagartza*, à l'aide de l'article *Ka*,
d'où *sagartza + ka* qui s'est usé en *sagartzi + a*. — Le
pluriel de ce mot *sagartziak* (les Pommiers) est l'équivalent exact de l'Alavais *sagar zaetak* (les Pommeraies).

Les dialectes souletin et biscayen offrent de nombreux
cas d'affaiblissement en *e* et en *i* de l'*a* précédent l'article
final qui est *a*.

En voici un exemple emprunté au dialecte biscayen :

Aita — père — y devient *aite-a* (au lieu de *aita-a*, le
père). A son tour, *aite-a* passe à *aiti-a* et même à *aiti-e*,
notamment à Ubide. L'affaiblissement de *i + a* final en
i + e a été noté, il y a longtemps, par le P. LL. Bonaparte.

Le suffixe *ka + ka*, à qui nous donnons pour rivaux
za + za et *za + Ka* (ancien alavois *za + ha*, souletin moderne *tzi*, labourdin *tze*) a acquis lui aussi, le sens de
collection, assemblage. Mais, au moment où nous pouvons

le suivre historiquement, il revêt les formes *kada*, *keta*, *heta* et *ağa*

Une seule de ces transformations, celle qui a trait à la substitution de *d*, *l* au *k* thématique, exige une preuve que nous montrerons décisive dans l'adjectif numéral *biga* où, fort heureusement, c'est bien le thème *ka* (l'unité), que l'on surprend faisant mutation avec *da*. Dans les variantes de cet adjectif, on retrouve presque tous les changements observés dans les noms suivis de l'article *ka*.

On constate, en effet, que *biga* est prononcé, suivant les dialectes :

Bida, *bicha*, *hija*, *biya* et *bia*. etc.

Les témoignages de la chute du *k* médial organique en *d* abondent. Celui que nous signalons dans l'adjectif *biga* appuie suffisamment notre thèse.

L'examen de la flexion nominale nous a fait dire que le démonstratif *kha* est tombé, par la suite, en *za* et *da*. Pour que rien ne manque à la certitude de nos déductions à ce sujet, nous apportons une dernière preuve que le thème démonstratif *kha* s'est transformé en *za* et *da*, dans la flexion verbale. Nous la trouvons dans le verbe auxiliaire être, à la 3e personne de l'indicatif :

Da (il est) = cela, celui-là ; celui qui est, ce qui est ; et à l'imparfait dudit verbe :

Za + *n* (il était) cela, celui-là était, qui est composé de *za*, il est, et de *n*, caractéristique du passé. L'usage qui a affecté *da* au présent et *za* au passé est relativement moderne. Les formes dialectales conservent encore le souvenir d'une phase de la langue où cette spécialisation était absolument inconnue. Dans *za* + *n*, c'est à la particule *n*, qui est le résidu d'un pronom démonstratif, qu'il appartient de préciser le temps. — Qu'on ne dise pas que *n* est une lettre adventice, redondante, etc. Il n'y a rien de semblable dans l'Euskara, nous le répétons.

On remarque le *n* démonstratif dans les adverbes composés *ha + n = ga + n; heme + n = geme + n*, etc.

L'éloignement dans le temps pouvait bien naturellement être rendu par le pronom qui indiquait déjà l'éloignement dans l'espace, et c'est ce qui a eu lieu dans l'élaboration de l'idiome basque. Cela n'a pas échappé à l'abbé Darrigol et M. V. Eys l'a fort bien remarqué après lui. Mais il est évident que le pronom démonstratif *na* (réduit à *n*) ne s'est pas borné à indiquer l'éloignement ou les objets éloignés. Ses fonctions, que nous entrevoyons à peine, sont encore à étudier. *Na* est peut-être la dernière transformation du *Kha* primitif, un de ses représentants dégénérés auquel *ma* aurait donné le jour.

Telle est la provenance de ce *d* que l'auteur de la « Grammaire comparée, p. 135 » a vu dans *doa = il va*, et qu'il présume être le dernier vestige d'un pronom démonstratif perdu de nos jours. Nous terminerons en remarquant dans *bat* un *t* représentant le *d* du démonstratif *da*, qui s'est durci après la disparition de la voyelle. *bat = un* viendrait donc de *ba + da* (ce qui est, la chose qui est, celui qui existe positivement).

Il y a lieu de distinguer ici *ba + da* (d'où *bat = un*), de *ba + da = il y a*, qui vient de *bai = oui + da = il est*.

§ 3.

CONCLUSION.

Nous n'avons plus qu'à mesurer la route parcourue depuis la découverte du démonstratif antique et à résumer les résultats obtenus.

Au point de vue morphologique, l'interjectif *Kha* se montre à nous :

1º Comme démonstratif *Kha+phu, (Kha+bu)* ;

2° Il devient article *Buru+Kha*; (l'article *Kha* devenu *Ka* se réduit à *K* : *ibilketa+K*.)

3° Il représente l'unité dans la numération *Hame+Ka.*

4° Redoublé, il forme le pluriel K*a*+K*a*, *Zulo+a+ga* (et il devient *a*+K, *Zubi+a*+K).

5° le sens de K*a*+K*a* (pluriel) s'étend jusqu'à embrasser une multitude, un nombre indéterminé, comme l'attestent les suffixes K*a+da*, K*e+ta*, *he+ta*, *e+ta*. — En cet endroit, constatons la présence du collectif *eta*, dans les noms topographiques où il caractérise la pluralité dans son acception la plus large.

Vizcarreta, au milieu des collines.

Ezpeleta, dans les buis.

Gerezieta, au milieu des cerisiers.

Il faut assigner la même origine à la conjonction de simple liaison *eta* = aussi, en outre, de plus, et. — Cette copulative, qui n'est que la réduplication du démonstratif K*a*, valait donc primitivement: *cela+cela, lui+lui.*

6° Dans la flexion verbale, K*ha*, devenu *da*, est le représentant de la 3me personne du singulier, au mode indicatif; modifié en *za* et suivi du pronom *na* ; il caractérise le passé de la même personne.

7° K*ha*, enfin, a été introduit dans le verbe où il est l'exposant de l'attribut. En cette qualité les pronoms K*o* = Z*o* et Z*a*, son substitut ordinaire, lui disputent le terrain.

Le thème *za*, dont nous venons de parler, sert aussi comme pronom et comme article. — Il entre dans la composition de quelques suffixes indiquant la pluralité à la manière des noms collectifs. Il est plus que probable que là ne s'arrêtent pas les fonctions de *za*, le substitut de l'antique démonstratif K*ha*.

Au point de vue phonétique, nous diviserons les remarques faites en deux sections :

1° CONSONNES

Sifflantes. — Rappelons d'abord que, par un effet de dissimilation, le *z* qui précède *z* devient *t.* — Ex. *diotza* (pour *dioz+za*) *Sagar+tzi+a* (de *Sagar+za+Ka+Ka*.)

Gutturales. Lorsque K*ha* est initial, la gutturale K*h* se dédouble en K et en *h* = (*Kabu — Kaburin — haburin*).

K s'affaiblit en *g* (*gâurin-a* pour *gaburin.a.* — de *gabu* (bouche); de là *agu*, d'où le *B* a disparu, après avoir permuté avec *g*.

h initial disparaît (*abu-a*).

K*h* tombe en *z* (*Phu+Kha = Za+phu*).

Z tombe en *d*, (*za = da*).

K se permute en *t*, — (*heta = keta*) *de Ka + Ka*.

Lorsque K*ha* est médial, la gutturale K*h* subit les mêmes changements que ci-dessus. En outre, elle se permute en *m*, *b* et en *w* qui se perd.

Le *z* (représentant le K*h* primitif) se dégrade en *ch*, *dj*, *j*, et en *y* qui disparaît.

K*h* a, de plus, pour équivalent *J* (Jota espagnole). *probable*

Labiales. Lorsque *Phu* est initial, *ph* se dédouble (*Phu! Pu! hu !*).

P devient *m*, *b* et *f*. (*Puz-tu, Muga — Buka — Fu ! = Phu!*)

H disparaît (*u ! = hu !*).

B disparaît (*ufatu = bufatu*).

Dans les changements de *phu* médial, nous avons observé les suivants :

Ph = p = h = m = b... aphu = apo, ahu, Khamutsa. Kaburina.

B se perd (*gâurina*).

2° VOYELLES

Dans la composition, lorsque l'*a* final d'un thème est

suivi par l'*a* initial d'un autre thème, ces deux voyelles
se réduisent à une seule.

Mugarri (de Muga + arri).

Il en est de même lorsque deux *u* viennent en contact.

Kaburina (de Kabu + urina.

Dans la dérivation, au contraire, l'*a* organique, ainsi
que l'*a* d'un thème déjà simplifié, persiste devant l'article
a mais en s'affaiblissant en *e* et en *i* : *za* + *za* (collectif)
est devenu *lze*, *tzi* devant *a* (*gizontze-a*, *sagartzi-a*).

L'*a* médial s'affaiblit en *e*, kada = kela, dana = dena,
ce qui est, etc.

L'*a* final, de l'article ka (singulier), disparaît : *ibilkela*
+ k.

Il en est de même dans l'article ka + ka (pluriel) :
zulo + *a* + *ga* = *zulo* + *a* + k.

L'*u* s'éclaircit en *o* (khabu = aho.

U devient *ü* en souletin et s'amincit en *i* (*buria* =
buru-a).

§ IV.

Nous terminerons par la gamme décadentielle de k*h*, de
p*h* et des voyelles *a* et *u*.

$$\text{K}h\ \text{tant initial que médial}\ \begin{cases} = J\ \text{(Jota).} \\ = K\ \begin{cases} = G. \\ \text{tombe en labiale} = M = B = F = W \\ \text{tombe en dentale} = T = D. \end{cases} \\ = H \\ = Z\ \begin{cases} = Ch = Dj = J = Y \\ \text{tombe en dentale} = D \end{cases} \end{cases}$$

Les consonnes *h*, *f*, *w* et *y* peuvent se perdre.

Toutefois, il manque à la série des exemples (le vocabulaire nous les livrera tôt ou tard) celui de :

Kh initial $\begin{cases} = J \text{(Jota)} = T . \\ = M = B = F = W \end{cases}$

et de z initial dégénéré en Ch = Dj = J = Y

Phi

1º Initial $\left\{\begin{array}{l} = P = M = B = F \\ = H \end{array}\right.$

2º Médial B

On l'a déjà vu, H et F peuvent disparaitre, dans les deux cas.

A médial $\left\{\begin{array}{l} = e \\ = i \end{array}\right.$

U médial $\left\{\begin{array}{l} = o \\ = \ddot{u} \text{ souletin.} \\ = i. \end{array}\right.$

TABLE